ÉTUDE

SUR

LA COMPÉTENCE

DE LA

HAUTE-COUR DE JUSTICE

CONSTITUÉE

PAR LE DÉCRET DU 8 AVRIL 1889

PAR

Pierre RIGOT

Avocat au Conseil d'État et à la Cour de cassation

PARIS

IMPRIMERIE ET LIBRAIRIE GÉNÉRALE DE JURISPRUDENCE

MARCHAL ET BILLARD

IMPRIMEURS-ÉDITEURS, LIBRAIRES DE LA COUR DE CASSATION

27, Place Dauphine, 27

1889

ÉTUDE

SUR

LA COMPÉTENCE

DE LA

HAUTE-COUR DE JUSTICE

ÉTUDE

SUR

LA COMPÉTENCE

DE LA

HAUTE-COUR DE JUSTICE

CONSTITUÉE

PAR LE DÉCRET DU 8 AVRIL 1889

PAR

Pierre RIGOT
Avocat au Conseil d'État et à la Cour de cassation

PARIS
IMPRIMERIE ET LIBRAIRIE GÉNÉRALE DE JURISPRUDENCE
MARCHAL ET BILLARD
IMPRIMEURS-ÉDITEURS, LIBRAIRES DE LA COUR DE CASSATION
27, Place Dauphine, 27

1889

AVANT-PROPOS

Cette étude tend à établir que la Haute-Cour est incompétente pour statuer sur les poursuites dont elle est actuellement saisie contre divers inculpés.

En la publiant, son auteur cède à une double préoccupation :

— Le soin jaloux d'enfermer rigoureusement, dans les termes de la loi, la compétence criminelle d'une juridiction politique et exceptionnelle, sentiment commun à tous ceux qui participent en quelque mesure à l'administration de la justice ;

— Le vif regret de voir le Sénat ne pas s'arrêter sur le seuil d'une instance étrangère à sa compétence, peut-être y compromettre son institution même, s'il s'engage plus avant dans cette voie inconstitutionnelle et fournit ainsi prétexte aux représailles.

On ne pourrait insister sur cette dernière préoccupation, sans entrer dans un domaine que l'on s'interdit comme étranger à ce travail purement juridique. Quant à la première, on verra au cours de cette étude (§ 6) qu'elle inspira, lors des débats de la Chambre des députés sur la loi du 9 septembre 1835, l'opposition de la minorité libérale, s'efforçant de restreindre la notion de l'attentat à celle du code pénal et de faire rejeter cette loi, (abrogée en 1848), qui donnait arbitrairement à des faits nouveaux la qualification d'attentat à la sûreté de l'Etat, en vue d'étendre la compétence de la Cour des pairs, limitée par la Charte à la connaissance des actes de haute trahison et des attentats à la sûreté de l'Etat.

Il ne s'agit plus aujourd'hui, comme en 1835, d'un débat législatif, alors provoqué par l'impression récente et profonde de l'attentat Fieschi. Peut-être cependant n'est-il pas inutile de débuter par ce souvenir, en observant qu'il y a quelque chose de plus regrettable encore qu'une loi pénale inspirée par les circonstances, c'est une justice criminelle dominée par les événements?

10 mai 1889.

TEXTES DES LOIS CONSTITUTIONNELLES ET ACTES OFFICIELS RELATIFS AUX POURSUITES DONT EST SAISIE LA HAUTE-COUR

Loi du 24 février 1875 relative à l'organisation du Sénat.

Art. 9. — Le Sénat peut être constitué en cour de justice pour juger soit le Président de la République, soit les ministres, et *pour connaître des attentats commis contre la sûreté de l'Etat.*

Loi du 16 juillet 1875 sur les rapports des pouvoirs publics.

Art. 12. — Le Président de la République ne peut être mis en accusation que par la Chambre des députés et ne peut être jugé que par le Sénat.

Les ministres peuvent être mis en accusation par la Chambre des députés pour crimes commis dans l'exercice de leurs fonctions. En ce cas ils sont jugés par le Sénat.

*Le Sénat peut être constitué en cour de justice par un décret du Président de la République, rendu en conseil des ministres, pour juger toute personne prévenue d'*attentat *commis contre la sûreté de l'Etat.*

Si l'instruction est commencée par la justice ordinaire, le décret de convocation du Sénat peut être rendu jusqu'à l'arrêt de renvoi. Une loi déterminera le mode de procéder pour l'accusation, l'instruction et le jugement.

Demande en autorisation de poursuites contre M. le général Boulanger.

Paris, le 4 avril 1889.

Monsieur le président,

J'ai l'honneur de vous prier de vouloir bien soumettre aux délibérations de la Chambre des députés la présente lettre par laquelle je demande qu'il lui plaise d'autoriser des poursuites — pendant le cours de la session — contre M. le général Boulanger, député de la Seine, sous inculpation :

1o De complot ayant pour but de détruire ou de changer le gouvernement de la France.

2o D'actes d'exécution et de tentative constituant l'attentat ;

Faits prévus par les articles 87, 88 et 89 du Code pénal.

L'existence du complot n'est douteuse pour personne ; depuis longtemps l'opinion publique s'en est émue ; certaines joies indiscrètes en ont, pour ainsi dire, marqué chaque phase ; et son but comme son caractère en ont été notoirement révélés par le concert arrêté entre M. le général Boulanger et les divers prétendants auxquels le gouvernement de la république avait dû précédemment interdire l'accès du territoire.

Il n'est pas inutile de remonter aux origines mêmes de cette conspiration et de rappeler les manœuvres à l'aide desquelles M. le général Boulanger a entendu se créer une situation politique et préparer la dictature au mépris de la paix intérieure du pays.

Au lendemain de nos désastres, en pleine guerre civile, il faisait partir de son régiment une Adresse déclamatoire à l'Assemblée nationale, parlant déjà de son épée en futur consul.

Puis il obtenait le grade de général par la faveur très sollicitée de M. le duc d'Aumale et profitait ensuite de sa mission aux Etats-Unis, à l'occasion des fêtes du Centenaire, pour nouer dans ce pays des relations financières qu'il a su plus tard utiliser.

Appelé ensuite à la direction de l'infanterie au ministère de la guerre, il se préoccupa surtout, dans ce poste, de capter la confiance des hommes politiques et de s'y préparer des liaisons dans tous les partis.

Nommé commandant du corps d'occupation en Tunisie, il y suscita, par ses intrigues et ses visées tapageuses, de sérieux embarras au gouvernement, qui dut rappeler

Dès ce moment on constate qu'il s'est formé un noyau d'adeptes, s'est assuré des appuis dans la presse et organisé de secrets conciliabules, notamment à l'hôtel du Louvre. Il adopte déjà de la manière la moins équivoque, les allures d'un chef de parti. La propagande par voies de biographies et d'images est activement poursuivie.

En même temps il proteste auprès des républicains de son attachement à la république, se multiplie, se glisse et s'impose : le portefeuille de la guerre lui est confié. Là, par des moyens indignes de la loyauté d'un soldat, il travaille uniquement à se créer une popularité de mauvais aloi. Il multiplie les manifestations bruyantes, revendique l'honneur de toutes les réformes accomplies par ses prédécesseurs, se lie étroitement avec les publicistes démagogiques qui doivent, avec M. Henri Rochefort, répandre en tous lieux sa fausse légende ; le Gouvernement, c'est lui.

Les républicains croient encore à sa parole, les monarchistes comptent déjà sur ses promesses ; à la revue du 14 Juillet, il confisque audacieusement la place des généraux Brière de l'Isle et Négrier pour se faire acclamer ; Hambourg fournit ses portraits coloriés qui vont inonder les fermes les plus reculées, et il paye des articles de journaux étrangers qui l'appelleront « l'organisateur de la revanche ».

Bientôt il fait savoir par ses affidés que nul n'aura le droit de lui enlever son portefeuille. Le 20 juillet 1887, M. de Rochefort écrit : « Nous savons que si 20 ou 30,000 Parisiens réclamaient la réinstallation du général, il y a la troupe pour mettre à la raison les réclamants ; seulement est-il bien établi qu'elle ne passerait pas de leur côté ?

Mis en demeure de désavouer ce langage, M. Boulanger se taisait.

Tombé du ministère, il organisa partout un vaste pétitionnement en sa faveur, et chercha par toutes voies à ressaisir un pouvoir si favorable à l'exécution de ses secrets desseins.

Appelé au commandement du 13e corps, à Clermont-Ferrand, il ne peut d'abord se résoudre à quitter Paris, multiplie les réunions clandestines à l'hôtel du Louvre, avec ses adhérents et lance dans les journaux, sous forme de lettre à un député, un véritable Manifeste.

A Clermont, il reçoit à son état-major ses adhérents de Paris ; tout un plan de campagne est élaboré entre eux pour l'instauration d'une dictature ; il ose faire dire dans les journeaux à sa dévotion que des chefs de l'armée lui ont adressé des propositions séditieuses. C'est alors que M. Georges Thiébaud, impérialiste avéré, devient le familier du général et joue le rôle d'émissaire entre celui-ci et le prince Jérôme Napoléon, pour concerter un véritable plan d'attaque contre le gouvernement de la République.

Il nie, puis est forcé d'avouer. M. le ministre de la guerre le frappe d'une peine disciplinaire de trente jours d'arrêts. A peine libre, il arrive à Paris, réunit à plusieurs reprises ses affiliés, et, dans un des colloques, déclare que, si une tentative insurrectionnelle devait éclater, l'armée resterait dans ses casernes.

A côté de ces actes caractéristiques du complot nous devons placer un acte caractéristique de l'attentat à la même époque, M. le gouverneur de Paris a été avisé que M. Boulanger cherchait à faire de l'embauchage dans l'armée, et que spécialement il essayait d'entraîner les officiers de la garnison de Paris.

Dès le mois de janvier 1888, M. Thiébaud organise habilement, au profit de M. Boulanger, une campagne plébiscitaire; les journaux impérialistes l'appuient ouvertement. Un comité est organisée; le commandant du 13e corps, bien qu'inéligible, s'y prête avec ardeur, vient souvent à Paris secrètement. A ce moment, M. Dillon apparaît comme un des tenants principaux du complot. Lorsque le général est forcé de retourner à Clermont, il télégraphie à ses affiliés avec la signatue « Georges ». Nous possédons cette correspondance. Tantôt M. Dillon parle en son nom; tantôt, il transmet les avis d'un autre affilié qu'il appelle « l'enfant de chœur ».

« Désavoue, lui écrit-il; la campagne pourra être continuée quand même. » Le général répond à ces dépêches: « J'approuve tout — Il faut maintenant travailler fermer la presse et l'opinion. »

Ces télégrammes, que je me borne à indiquer pour éviter les longueurs ont une portée indiscutable.

M. le ministre de la guerre, qui avait en mains les preuves écrites des menées politiques de son subordonné, l'interrogea. M. Boulanger nia; il fut aussitôt frappé de mise en non activité par retrait d'emploi.

En réponse à la mesure, il pose, quoique toujours inéligible, sa candidature dans deux nouveaux départements. Dans une réunion organisée chez M. Laguerre, M. Boulanger affirme qu'il s'est assuré de puissants concours dans l'armée, que plusieurs garnisons sont résolues à marcher avec lui, qu'à Paris même il s'est créé un noyau de fidèles dans les régiments.

Notre noble armée ne pouvait plus conserver un pareil soldat dans ses rangs; un Conseil d'enquête fut réuni, et le général Boulanger, jugé par ses pairs, fut déclaré coupable de faits graves contre la discipline.

Il fut immédiatement mis d'office à la retraite, par là devint éligible et se présenta aussitôt aux électeurs du Nord.

En même temps, les journaux à sa dévotion le représentaient comme une grande victime et comme le seul grand patriote. D'odieuses imputations étaient formulées; le chef de l'État était signalé par eux comme lieutenant de l'empereur d'Allemagne en France, et « l'ordre de frapper le général Boulanger était venu de Berlin » ajoutaient-ils.

A partir de là, M. Boulanger se pose nettement en prétendant et promet très haut de détruire la république, sous prétexte de la refaire à son image. Tous les ennemis avérés de la république se groupent autour de lui, sachant bien ce qu'il entend faire d'elle. Il a une cour, une administration, les livraisons de son « *Histoire populaire* » inondent la France. Il se fait rendre des honneurs souverains dans certaines villes choisies par ses amis et dispose pour lui et son entourage de sommes considérables qui ne proviennent ni de souscriptions électorales, ni de sa fortune personnelle.

On a vu plus haut que, pendant son séjour à Clermont, il a fait alliance avec le prince Jérôme Napoléon; après sa mise à la retraite, il négocie avec le prince Victor Bonaparte et avec le comte de Paris. L'entente est complète dès le mois de mai 1888, et M. le général du Barrail, dans une réunion du 13 mai, l'annonce aux comités impérialistes en leur traçant leur conduite à tenir.

Les représentants du comte de Paris entrent en son nom dans le complot ; M. Dillon fait de fréquents voyages à Londres, arrête les conditions de l'entente, en même temps qu'il reçoit des subsides.

La trame ainsi ourdie paraît si solide, que M. Boulanger promet à ses alliés qu'il sera prochainement chef de l'Etat grâce à des procédés d'une simplicité élémentaire et dont le plus sûr consiste à chasser le Sénat par l'émeute. Il entretient l'équivoque avec le mot de « revision » et compte bien qu'au moment du partage, où le conflt ne pourrait que se résoudre en guerre civile, il profitera du désordre pour s'imposer en sauveur.

Ses amis, d'accord avec lui et comme pressés d'être favoris d'un dictateur, ont médité à plusieurs reprises de provoquer des mouvements insurrectionnels. La date d'une première « journée » avait été fixée au 14 juillet 1888. Le 8 juin, un conciliabule fut tenu. On décida de profiter de la revue. M. Boulanger devait s'y rendre en uniforme ; le projet était arrêté de recruter au Cercle Militaire des officiers de l'armée territoriale ; on voulait agir ensuite sur l'armée active.

Des convocations furent faites au moyen d'affiches rouges ; des registres d'adhésions furent ouverts ches un sieur Morphy, ancien anarchiste. Le duel de M. Floquet avec M. Boulanger fit évanouir ces résolutions. Au mois de février dernier on prépara un autre mouvement, car il fallait, disait-on, que M. Boulanger ouvrît l'Exposition comme chef de l'Etat. Ses agents déployèrent une grande activité pour organiser la mobilisation de la Ligue des Patriotes. Les boulangistes devaient se porter en masse sur un seul point de la ville, les fils télégraphiques qui relient le Palais Bourbon à l'Elysée devaient être coupés. M. Boulanger faisait dire et répéter lui-même qu'il croyait pouvoir compter sur une grande partie de l'armée de Paris, à l'exception de quelques officiers généraux.

Dès le 1er janvier il avait dit, en recevant une canne d'honneur : « Elle me servira, je l'espère, à balayer tous les voleurs qui sont au pouvoir. »

M. Laisant s'exprimait ainsi le 3 janvier, dans une réunion de boulangistes :

— Comment M. Carnot résisterait-il ? L'armée ? Il n'osera pas la faire sortir. La police ne suffirait pas : la garde républicaine est en grande partie boulangiste et ne marcherait pas. Carnot se soumettra, et malheur à lui s'il résistait !

« *Ainsi à côté de tous les faits qui établissent le concert et l'organisation, c'est-à-dire le complot, se rencontrent les actes et les tentatives d'exécution qui caractérisent l'attentat. Au nombre de ces derniers nous devons énoncer ici le plus grave peut-être :*

M. Boulanger ne s'en est pas tenu à ses efforts d'embauchage dans l'armée; il a, en outre, sollicité, corrompu ou tenté de corrompre par lui ou par ses affiliés un nombre considérable de fonctionnaires civils.

Cette énumération résumée suffit pour établir qu'il existe charge suffisante contre M. le général Boulanger pour que la juridiction compétente soit saisie de l'affaire à fins d'information et d'examen.

Au reste, M. le général Boulanger paraît l'avoir bien compris. Dès que l'autorité judiciaire, saisie des faits, a manifesté résolûment sa volonté de réprimer toute violation des lois, au nom du principe de l'égalité devant la justice, il s'est empressé de prendre la fuite.

Le magistrat n'y voit qu'une circonstance à noter, la Chambre y verra peut-être un aveu.

Je ne puis, monsieur le président, que persister dans une demande en autorisation de poursuites,

Je vous prie de vouloir bien agréer, monsieur le président, l'hommage de mon profond respect.

« *Le procureur général*

« QUESNAY DE BEAUREPAIRE.

Articles du Code pénal visés par la demande en autorisation de poursuites.

CHAPITRE PREMIER

CRIMES ET DÉLITS CONTRE LA SURETÉ DE L'ÉTAT.

SECTION PREMIÈRE.

DES CRIMES ET DÉLITS CONTRE LA SURETÉ EXTÉRIEURE DE L'ÉTAT

Art. 74 à 85.

SECTION II

DES CRIMES CONTRE LA SURETÉ INTÉRIEURE DE L'ÉTAT.

§ 1er.

Des Attentats et Complots dirigés contre l'Empereur et sa famille.

86 . . . .

87 (*Ainsi modifié,* L. 10 juin 1853). L'attentat dont le but est, soit de détruire ou de changer le gouvernement ou l'ordre de successibilité au trône, soit d'exciter les citoyens ou habitants à s'armer contre l'auto-

rité impériale, est puni de la peine de la déportation dans une enceinte fortifiée.

88. L'exécution ou la tentative constitueront seules l'attentat.

89. Le complot ayant pour but les crimes mentionnés aux articles 86 et 87, s'il a été suivi d'un acte commis ou commencé pour en préparer l'exécution, sera puni de la déportation. S'il n'a été suivi d'aucun acte commis ou commencé pour en préparer l'exécution, la peine sera celle de la détention. Il y a complot dès que la résolution d'agir est concertée et arrêtée entre deux ou plusieurs personnes. S'il y a eu proposition faite et non agréée de former un complot pour arriver aux crimes mentionnés dans les art. 86 et 87, celui qui aura fait une telle proposition sera puni d'un emprisonnement d'un an à cinq ans. Le coupable pourra de plus être interdit, en tout ou en partie, des droits mentionnés en l'article 42.

Rapport au Président de la République et décret du 8 avril 1889.

Monsieur le Président,

M. le procureur général près la Cour d'appel de Paris a demandé à la Chambre des députés l'autorisation de poursuivre devant la juridiction compétente, M. Boulanger (Georges-Ernest), sous l'inculpation d'attentat contre la sûreté de l'Etat et de complot.

La Chambre, dans la séance du 4 avril courant, a accordé l'autorisation sollicitée.

En conséquence, *et attendu qu'il s'agit d'attentat contre la sureté de l'Etat et de faits connexes* j'ai l'honneur, M. le Président, de vous proposer de constituer le Sénat en Haute-Cour de justice pour en connaître, conformément à l'article 12, paragraphe 3, de la loi constitutionnelle du 16 juillet 1875.

Je vous prie d'agréer, monsieur le Président l'assurance de mon profond respect,

Le garde des sceaux,
ministre de la justice et des cultes,

THÉVENET.

Le Président de la République française,

Sur le rapport des gardes des sceaux, ministre de la justice et des cultes,

Vu la demande en autorisation de poursuites déposée le 4 avril 1889, et la délibération de la Chambre des députés portant la même date;

Vu l'article 12, paragraphe 3, de la loi constitutionnelle du 16 juillet 1875;

Le conseil des ministres entendu,

Décrète :

Art. 1er — Le Sénat est constitué en haute-cour de justice pour statuer sur *les faits d'attentat* contre la sûreté de l'Etat et autres faits connexes, *relevés à la charge de* M. Boulanger (Georges-Ernest), général en retraite et député, et de tous autres que l'instruction aura fait connaître.

Art. 2. — Le procureur général près la cour d'appel de Paris remplira les fonctions de ministère public près la haute-cour, assisté de MM. Roulier, avocat général, et Duval, substitut du procureur général près la même cour.

Art. 3. — La haute-cour se réunira au palais du Luxembourg le 12 avril 1889.

Art. 4. — Le garde des sceaux, ministre de la justice et des cultes, est chargé de l'exécution du présent décret.

Fait à Paris, le 8 avril 1889.

CARNOT.

Réquisitoire introductif d'instance.

Nous, procureur général près la haute cour de justice.

Vu les pièces et documents desquels il résulte qu'un crime d'attentat contre la sûreté intérieur de l'Etat aurait été commis sur le territoire de la République et spécialement à Paris depuis moins de dix ans, et notamment au cours des années 1888 et 1889.

Que ledit attentat aurait été caractérisé par des actes d'exécution ou par une tentative n'ayant manqué son effet que par des circonstance indépendantes de la volonté des auteurs ;

Vu les mêmes pièces, desquelles il résulte encore présomption de crimes connexes, tels que celui de complot ayant pour but l'attentat visé ci-dessus ;

Vu les charges recueillies à raison de ces faits :

1° Contre M. Boulanger (Georges-Ernest), général en retraite, député, actuellement en fuite, mais domicile de droit à Paris, rue Dumont-d'Urville, 11 bis ;

Vu l'autorisation de poursuites accordée en ce qui le concerne par la Chambre des députés ;

Vu les charges recueillies en même temps contre :

2° Arthur Dillon, sans profession, demeurant à Neuilly, boulevard d'Argenon, n° 6, également en fuite ;

3. Victor-Henri de Rochefort, publiciste, demeurant à Paris, boulevard de Rochechouart, 57, également en fuite ;

Sans préjudice des poursuites à intenter contre tous autres coauteurs ou complices que l'instruction ferait connaître.

Vu l'article 12 de la loi constitutionnelle du 16 juillet 1875, qui fixe la compétence de la haute cour en matière d'attentat, et l'article 227 du Code d'instruction criminelle en ce qui concerne les actes connexes, ensemble les articles 87, 88, 2 et 89 du Code pénal ; 47, 91 et 94 du Code d'instruction criminelle ; et 6 de la loi du 11 avril 1880 ;

Nous requérons qu'il plaise à la haute cour ordonner qu'il soit procédé à l'instruction contre MM. Boulanger, Dillon, de Rochefort, désignés plus haut et, éventuellement, contre tous autres avec tels mandats qu'il y aurait lieu de décerner, suivant les nécessités de la poursuite.

Nous requérons, en outre, qu'il plaise à la haute cour nous donner acte du dépôt que nous faisons à son greffe de toutes les pièces du procès à instruire.

Fait au parquet de la cour le 12 avril 1889.

Le procureur général,

Signé : QUESNAY DE BEAUREPAIRE.

Arrêt de la Haute Cour du 12 avril 1889.

La cour,

Vu le décret de M. le président de la République, en date du 8 avril 1889 ;

Vu la résolution de la Chambre des députés en date du 4 avril 1889, autorisant les poursuites contre un député ;

Vu les articles 6, 7, 8, 9, 10, 11, 12, 13 et 14 de la loi du 10 avril 1889 ;

Ouï le procureur général en ses dires et réquisitions ;

Ordonne

Qu'il sera procédé à l'instruction par la commission nommée à cet effet pour, ladite instruction faite et rapportée, être par le procureur général requis, par la commission d'accusation statué ce qu'il appartiendra.

ÉTUDE

SUR LA COMPÉTENCE DE LA HAUTE-COUR

SOMMAIRE

I. Précédentes publications. — Opinion soutenue par M. Martini : incompétence de la Haute-Cour. — Opinion soutenue par le journal *le Temps* : la Haute-Cour devrait, sans vérifier préalablement sa compétence, ordonner qu'il serait procédé à l'instruction.
II. Le décret constitutif de la Haute-Cour ne peut fixer sa compétence.
III. Précédents devant la Chambre des Pairs.
IV. Chartes de 1814 et 1830.
V. Lois du 28 avril 1832 et révision du code pénal.
VI. Lois du 9 septembre 1835 ; qualifications nouvelles d'attentat.
VII. Constitutions de 1848, 1852 et 1875.
VIII. La Haute-Cour devait reconnaître son incompétence *in limine litis* d'après les actes officiels qui l'ont saisie de l'inculpation.
IX. Discussion du réquisitoire introductif d'instance et de la demande en autorisation de poursuites.
X. Conclusion sur ce point.
XI. Difficultés relatives à la connexité du complot et de l'attentat et à la position d'une question subsidiaire de complot.

§ 1. Le Sénat constitué en Cour de justice par le décret du 8 avril 1889 est-il compétent pour connaître des poursuites portées devant lui contre divers inculpés ?

Cette question, qu'avaient soulevée les termes de la demande en autorisation de poursuites portée devant la Chambre des députés, a été posée à la haute Cour lors de sa première audience, et discutée dans la presse judiciaire et politique. Citons notamment, comme documents à consulter, une savante note de M. l'ancien bâtonnier Martini publiée par la *Gazette des Tribunaux* du 10 avril et deux articles du journal le *Temps* publiés sans signature aux dates des 18 et 19 avril.

M. Martini, dont les conclusions sont celles que nous avions développées dans une précédente publication, établit que le Sénat est incompétent pour connaître des poursuites autorisées par la Chambre des députés le 4 avril.

Cette incompétence tient à ce que la Haute-Cour, d'après les textes constitutionnels (insérés p. 7), ne doit connaître que des *attentats* commis contre la sûreté de l'Etat; tandis que ces poursuites ne relèvent aucun fait pouvant être légalement qualifié d'attentat à la sûreté de l'Etat, les circonstances diverses relevées à la charge de M. le général Boulanger ne pouvant rentrer que dans l'inculpation de *complot*, qui est du ressort de la cour d'assises.

Il est vrai que le réquisitoire introductif d'instance (p. 14) énonce l'inculpation d'attentat et n'y joint celle de complot qu'à raison d'une prétendue connexité avec l'attentat. Mais on établira plus loin (§ 9), par le rapprochement de ce réquisitoire et de la demande en autorisation de poursuites, que cette double inculpation tient à une erreur de qualification, et que les faits considérés par M. le procureur général comme constitutifs d'attentat, ne sortent pas de l'inculpation de complot.

Cette observation, au début de cette étude, était nécessaire pour faire comprendre l'utilité des développements donnés, sous les §§ 3 à 7, à l'exposé des précédents, ces précédents marquant nettement, dans la terminologie pénale et constitutionnelle et au point de vue de la compétence, la distinction de l'attentat d'avec le complot, point capital sur lequel on doit s'attendre à voir porter la discussion devant la Haute-Cour.

Le journal le *Temps*, sans se prononcer sur cette question de compétence, soutient que la Haute-Cour était bien fondée à en ajourner l'examen après l'instruction de l'affaire, et à ordonner, par son arrêt du 12 avril, malgré les observations d'une partie de ses membres, qu'il serait passé outre à cette instruction.

En le jugeant ainsi, dit-on, la Haute-Cour s'est conformée aux véritables principes. Si elle eût examiné d'abord les faits relevés contre le prévenu en vue de déterminer sa compétence, elle aurait été amenée, comme l'a fait justement remarquer M. le président Le Royer, « à confondre le fond avec la compétence. La compétence de « la Haute-Cour est, en effet, d'ores et déjà déterminée « par le décret présidentiel portant qualification des « faits incriminés. » (*Temps* du 18 avril). Il faut donc, prétend-on, que la Haute-Cour, régulièrement saisie par le décret qui la constitue, procède à l'instruction. Ce n'est qu'après l'arrêt de renvoi et après les conclusions prises devant la Haute-Cour par le ministère public à la suite de cet arrêt, que la Haute-Cour pourrait vérifier sa compétence. « C'est alors, et alors seulement, dit-on, qu'il y « aura lieu d'examiner la question de compétence si elle est soulevée. » (*Temps* du 19 avril).

§ 2. En réalité, cette manière de procéder est une atteinte indirecte à la disposition de la loi constitutionnelle, qui ne donne compétence au Sénat constitué en Haute-Cour de justice que « pour juger toute personne prévenue « d'*attentat commis contre la sûreté de l'Etat*; » elle méconnaît en effet, le caractère légal de l'attentat, à la connaissance duquel se restreint la compétence de la Haute-Cour.

Comme on va l'établir au cours de cette étude, ce crime

spécial est, par les traits distinctifs que lui imprime la loi pénale en marquant ce qui le différencie d'avec le complot (art. 87 à 90 c. pén.), de telle nature, les faits que cette loi qualifie attentats, sont à ce point publics et notoires, que la Haute-Cour peut et doit, avant toute mesure d'instruction, relever dans les actes qui la saisissent les faits sommairement énoncés, apprécier s'ils comportent la qualification légale d'*attentat à la sûreté de l'Etat* et par là même vérifier sa compétence. Cette vérification ne confond point le fond avec la compétence, suivant l'opinion prêtée à M. le président Le Royer, puisqu'au cas où la cour se déclarerait compétente, il lui resterait à constater matériellement les circonstances des faits articulés et qualifiés attentats, puis à rechercher si les inculpés y ont pris part et dans quelle mesure.

Si, comme on le soutient sur l'autorité de M. Victor Chauffour (*Chambres législatives*, n° 531), c'est le décret constitutif du Sénat en Haute cour de justice qui détermine la compétence de cette juridiction exceptionnelle, à ce point que celle-ci soit liée par la qualification d'attentat visée dans le décret, pourquoi reconnaître à la Haute-Cour, comme le font l'art. 17 de la loi du 10 avril (sur la procédure à suivre devant le Sénat constitué en Haute-Cour de justice) et l'auteur des articles du *Temps*, le droit de vérifier, même d'office, après l'arrêt de renvoi, si elle est compétente ?

Si la Haute-Cour, après l'instruction, n'est pas liée, quant à l'appréciation de sa compétence, par le décret qui la constitue, elle ne l'est pas davantage au début de cette instruction, alors que la prévention de l'attentat doit être de telle nature qu'il soit possible de reconnaître *in limine litis* si les faits relevés à la charge du prévenu comportent la qualification légale d'attentat à la sûreté de l'Etat.

§ 3. C'est d'ailleurs ce qu'établissent d'abord les précédents de la Chambre des pairs constituée en cour de justice et dont la compétence était réglée par cette disposition identique dans les chartes de 1814 et 1830, « *la* « *Chambre des pairs connaît des crimes de haute trahi-* « *son et d'attentat à la sûreté de l'Etat, qui seront définis* « *par la loi.* » (Art. 32 de la charte de 1814 et 28 de la charte de 1830).

Les ordonnances royales qui constituaient la Chambre des pairs en cour de justice ne se bornaient pas, en effet, à articuler l'existence d'un attentat à la sûreté de l'Etat et à viser les articles du Code pénal relatifs à ce crime (1); elles rappelaient en quelques mots les faits auxquels elles donnaient cette qualification légale. Il faut se reporter à cet égard aux ordonnances royales des 14 février 1820 (attentat de Louvel); 15 avril 1834 (insurrection dans diverses villes, notamment à Paris, rue Transnonain); 28 juillet 1835 (attentat de Fieschi); 25 juin 1836 (attentat d'Alibaud); 27 décembre 1836 (attentat de Meunier); 14 mai 1839 (attentat de Barbès, Blanqui et autres); 9 août 1840 (attentat de Louis Bonaparte à Boulogne); 16 octobre 1840 (attentat de Darmès); 13 septembre 1841 (attentat de Quénisset).

Rappelons à titre de spécimens, les termes de deux de ces ordonnances :

Ordonnance des 15-18 avril 1834.

« Vu l'art. 28 de la Charte constitutionnelle, qui attribue à la Chambre des pairs la connaissance des crimes de haute trahison et des attentats à la sûreté de l'Etat.

(1) Le décret du 8 avril 1889 constitue le Sénat en Haute-Cour de justice pour statuer *sur les faits d'attentat contre la sûreté de l'Etat et autres faits connexes relevés à la charge de...* », sans autre indication de ces faits, que celle qui résulte de la référence nécessaire au rapport du garde des sceaux et à la demande en autorisation de poursuites visés l'un et l'autre par le décret ; on reviendra plus loin sur ce point.

« Vu les art. 87... 88, 91 du Code pénal ;

« Attendu que sur plusieurs points du Royaume et notamment à Lyon les 9 et 10 avril et jours suivants, à St-Etienne les 11 et 12 avril et jours suivants, et à Paris dans les journées des 13 et 14 avril il a été commis des attentats contre la sûreté de l'Etat, dont il appartient à la Cour des Pairs de rechercher et de punir les auteurs, soit qu'ils aient agi isolément, ou à l'aide d'association.

Art. 1er La cour des Pairs est convoquée... »

Ordonnance des 25 juillet — 1er Août 1835

« Vu l'art. 28 de la Charte...

« Vu l'art. 86 du Code pénal...

« Attendu que dans le cours de cette journée un attentat a été commis contre notre personne, et contre les princes de notre famille.

« Que nous avons eu la douleur de voir atteindre par ce crime horrible les meilleurs citoyens et notamment l'un des plus illustres guerriers dont la France s'honore (1).

« Art. 1er. La Chambre des Pairs constituée en cour de justice procédera sans délai au jugement de l'attentat commis cejourd'hui. »

Ainsi saisie la Cour de Paris pouvait aussitôt reconnaître sa compétence en vérifiant la qualification légale donnée aux faits visés par l'ordonnance.

Dans le travail cité plus haut, au n° 531, M. Victor Chauffour s'exprime ainsi sur ce point :

« .... Si la Chambre des pairs, dans les cas analogues, commençait par déclarer sa compétence, c'est que la loi, qui selon les « chartes, devait définir les attentats, dont le jugement lui était attribué, « ne fut jamais rendue ; il fallait donc que, dans chaque affaire, elle com« mençât par examiner si les crimes qui lui étaient déférées rentraient, « par leur gravité, dans la classe de ceux dont elle devait connaître, et « qu'en suite de cet examen, elle déclarât sa compétence ».

Cette explication est inexacte, en ce qu'elle ne tient compte ni de la loi de 1832, qui a révisé le Code pénal et précisé le caractère de l'attentat, en le distinguant du complot, ni de la loi du 9 septembre 1835, (abrogée par le décret du 6 mars 1848, art. 1er), qui donna la qualification d'attentat à d'autres crimes et délits que ceux des art. 86,

(1) Le maréchal Mortier.

87, 88 et 91 du Code pénal, en vue précisément d'étendre la compétence de la cour des pairs.

§ 4. Sans doute les chartes de 1814 et 1830 portaient : « La Chambre des pairs connaît des crimes de haute tra- « hison et des attentats à la sûreté de l'Etat, *qui seront* « *définis par la loi* ; » Mais ces derniers mots s'expliquent par la rédaction du Code pénal de 1810, qui, dans les art. 86 à 90, ne marquait pas suffisamment la distinction de l'attentat d'avec le complot et punissait également ces deux crimes de la peine capitale. La charte réserva, en conséquence, à des lois postérieures, le soin de préciser le caractère de l'attentat. Pour ne laisser aucun doute sur ce point, voici la discussion de la chambre des députés, lors de la révision de la charte en 1830, sur les mots « qui seront définis par la loi » : (Séance du 7 août, *Moniteur* du 8 août).

M. Mauguin. — ...... Je demande la suppression de ces mots « *qui seront définis par la loi* » afin que nous ne restions pas dans un état provisoire ».

M. Mestadier. « Je ferai remarquer qu'il y a des crimes, des attentats « à la sûreté de l'Etat, dont la Chambre des pairs ne doit pas être saisie. « Il ne faut pas, par exemple, que le crime d'un militaire qui peut être « jugé par un conseil de guerre, soit porté devant la Chambre des Pairs.

M. Berryer. — « Il y a un livre entier (1) intitulé *des crimes contre* « *la sûreté de l'Etat* —, devront-ils être soumis à la Cour des Pairs ?

M. Bernard. — « Elle jugera sa compétence.

M. Dupin aîné. — « Il serait à désirer qu'on pût tout faire à la fois « et que sur chaque article, dont le développement exigerait une loi on « pût faire cette loi, de manière à répondre à la juste impatience publi- « que. Mais une Charte ne peut pas tout contenir. Un seul article ne peut « pas éclairer tout un système de législation ; c'est pourquoi l'on a ren- « voyé à ce qui serait défini par la loi... Je m'oppose à la suppression « des mots « *qui seront définis par la loi* », parce qu'il en résulterait « qu'une foule de crimes et d'attentats, dont les tribunaux ordinaires

(1) M. Berryer s'exprime inexactement, ce n'est pas un livre, c'est le chap. Ier du livre III du code pénal, intitulée « *des crimes et délits contre la sureté de l'Etat* ».

« doivent connaître, pourraient être portés à la Chambre des pairs et qu'il « faudrait qu'elle fût en permanence pour faire le triage de toutes les « affaires, tandis que la Chambre des pairs ne doit s'assembler que dans « des cas extrêmement rares, où la sureté de l'Etat tout entier est mise en péril ».

(*La proposition de M. Mauguin est rejetée*).

Voici donc le sens général de cet échange d'observations : divers membres de la Chambre des députés ayant désiré que la notion de l'attentat à la sûreté de l'État fût immédiatement précisée et définitivement fixée par la charte, l'avis de M. Dupin, qui prévalut, fut de réserver à des lois pénales postérieures, mais non à l'appréciation arbitraire de la Cour des pairs, le soin de définir ce crime.

§ 5. Or, c'est inexactement que M. Victor Chauffour affirme que ces lois ne sont pas intervenues. Ce sont : 1° la loi du 28 avril 1832, qui a révisé le Code pénal de 1810, et spécialement les textes relatifs aux crimes contre la sûreté de l'Etat ; 2° la loi du 9 septembre 1835 (abrogée par l'art. 1er du décret du 6 mars 1848), qui attribua la qualification *d'attentat à la sûreté de l'Etat* à d'autres actes que ceux des art. 86, 87, 88 et 91 du Code pénal, en vue précisément d'étendre la compétence de la Cour des pairs.

Ces deux lois de 1832 et 1835 ont une grande importance pour l'intelligence de l'art. 12, § 3 de la loi du 16 juillet 1875, restreignant la compétence du Sénat, constitué en cour de justice, au cas où il s'agit de «*juger toute personne prévenue d'attentat commis contre la sûreté de l'Etat*». Il est nécessaire, par suite, d'entrer dans quelques développements sur ce qui les concerne.

Pour permettre de bien juger des innovations apportées aux art. 86 à 91 du Code pénal de 1810 par la loi de 1832, nous mettons en regard les deux rédactions.

Code pénal de 1810.	*Code pénal revisé en* 1632.
86. *L'attentat ou le complot* contre la vie ou contre la personne de l'empereur est crime de lèse-majesté ; ce crime est puni comme parricide et comporte de plus la confiscation des biens.	86. *L'attentat* contre la vie ou contre la personne du Roi est puni de la peine du parricide. *L'attentat* contre la vie ou contre la personne des membres de la famille royale est puni de la peine de mort. Toute offense commise publiquement envers la personne du Roi est puni d'un emprisonnement de six mois à cinq ans et d'une amende de cinq cents francs à dix mille francs. Le coupable, peut en outre être interdit de tout ou partie des droits mentionnés en l'article 42 pendant un temps égal à celui de l'emprisonnement auquel il a été condamné. Ce temps court à compter du jour où il a subi sa peine.
87. *L'attentat ou le complot*, contre la personne des membres de la famille impériale, l'attentat ou le complot dont le but sera, soit de détruire ou de changer le gouvernement, soit l'ordre de successibilité du trône, soit d'exciter les citoyens ou habitants à s'armer contre l'autorité royale, seront punis de mort et de la confiscation des biens.	87. *L'attentat* dont le but sera, soit de détruire soit de changer le gouvernement ou l'ordre de successibilité au trône, soit d'exciter les citoyens ou habitants à s'armer contre l'autorité royale sera puni de la peine de mort.
88. Il y a attentat dès qu'un acte est commis ou commencé pour parvenir à l'exécution de ces crimes, quoiqu'ils n'aient pas été consommés.	88. *L'exécution ou la tentative constitueront seules l'attentat.*
89. Il y a complot dès que la résolution d'agir est concertée et arrêtée entre deux conspirateurs ou un plus grand nombre, quoiqu'il n'y ait pas eu attentat.	89. *Le complot* ayant pour but les crimes mentionnés aux articles 86 et 87, s'il a été suivi *d'un acte commis ou commencé pour en préparer l'exécution*, sera puni de la déportation. S'il n'a été suivi d'aucun acte commis ou commencé

	pour en préparer l'exécution, la peine sera celle de la détention. Il y a complot dès que la résolution d'agir est concertée ou arrêtée entre deux ou plusieurs personnes. S'il y a eu proposition faite et non agréée de former un complot pour arriver aux crimes mentionnés dans les articles 86 et 87, celui qui aura fait une telle proposition sera puni d'un emprisonnement d'un an à cinq ans. Le coupable pourra de plus, être interdit, en tout ou en partie, des droits mentionnés en l'article 42.
90. S'il n'y a pas eu de complot arrêté, mais une proposition faite et non agréée d'en former un pour arriver au crime mentionné dans l'art. 86, celui qui aura fait une telle proposition sera puni de la réclusion. L'auteur de toute proposition non agréée tendant à l'un des crimes énoncés dans l'art. 87 sera puni du bannissement.	90. Lorsqu'un individu aura formé seul la résolution de commettre l'un des crimes prévus par l'art. 86, et qu'un acte pour en préparer l'exécution aura été commis ou commencé par lui seul et sans assistance la peine sera celle de la détention.
91. *L'attentat ou le complot*, dont le but sera soit d'exciter la guerre civile en armant et en portant les citoyens ou habitants à s'armer les uns contre les autres, soit de porter la dévastation, le massacre et le pillage dans une ou plusieurs communes seront punis de la peine de mort et les biens des coupables seront confisqués.	91. *L'attentat* dont le but sera soit d'exciter la guerre civile en armant ou en portant les citoyens ou habitants à s'armer les uns contre les autres, soit de porter la dévastation, le massacre et le pillage dans une ou plusieurs communes sera puni de mort. Le *complot* ayant pour but l'un des crimes prévus au présent article, et la proposition de former ce complot seront punis des peines portées en l'article 89, suivant les distinctions qui y sont établies.

Le rapprochement de ces deux rédactions montre clairement combien la notion de l'attentat, indécise dans le Code pénal de 1810, s'est précisée dans celui de 1832.

« *L'attentat ou le complot.... seront punis de mort* »... disent les art. 86, 87, et 91 du Code pénal de 1810. Les deux crimes étant ainsi punis de la même peine, on conçoit que l'auteur de ce Code ne se soit pas préoccupé de marquer nettement entre eux une différence, qui se trouvait sans intérêt. Quand « *l'acte commis ou commencé pour parvenir à l'exécution* » se manifestait-il, au point de sortir de la période du complot pour constituer l'attentat d'après l'ancien art. 88 ? Cela pouvait être fort douteux

Mais le Code pénal de 1832, en punissant l'attentat et le complot de peines différentes, a dû faire disparaître tout doute à cet égard. Aux termes du nouvel art. 89, le complot, même « *suivi d'un acte commis ou commencé pour en préparer l'exécution* » ne cesse pas d'être un complot. C'est *l'exécution ou la tentative d'exécution* qui *constitueront seules l'attentat* aux termes de l'art. 88 nouveau. Ces deux art. 88 et 89 n'ont pas été modifiés par la loi du 10 juin 1853.

Quelque mois après la révision de 1832, l'affaire de la rue des Prouvaires donnait à la Cour de cassation l'occasion de juger que la tentative d'exécution, dont parle l'art. 88, est celle de l'art. 2 du Code pénal, qui, assimilée à l'exécution, ne manque son effet que par des circonstances indépendantes de la volonté de son auteur. La Cour de cassation, dans cette affaire, tout en reconnaissant l'existence du complot, décida, par la cassation d'un arrêt de la Cour d'assises de Paris, que des actes préparatoires de l'exécution, tels qu'un dépôt d'armes effectué au café de la rue des Prouvaires, lieu de rendez vous des conspirateurs, ne constituaient par la *tentative* au sens légal de ce mot.

« Attendu que l'art. 88 ci-dessus transcrit, d'après lequel l'exécution ou la tentative constituent seules l'attentat, a été substitué à l'art. correspondant du code pénal de 1810, qui voulait qu'il y eût attentat dès qu'un acte avait été commis ou commencé pour en préparer l'exécution; qu'en substituant ainsi la tentative à un acte commis ou commencé et en plaçant sur la même ligne la tentative ou l'exécution, le nouvel article 88 n'a pu entendre que la tentative équivalente à l'exécution, c. à. d. celle qui est considérée comme le crime même par l'art. 2 du code pénal. » Crim. cass. 13 octobre 1832, (Bulletin criminel, nº 414 ; et Dalloz, jurisp. générale, Vº crimes contre l'État, Nº 81, note 1)

Ainsi les commentateurs les plus autorisés du Code pénal enseignent-ils maintenant que « les attentats énumé-« rés par les art. 86, 87 et 91 du Code pénal supposent « *une action matérielle et violente, une attaque à force ou-« verte, une prise d'armes*. Le même terme dans les art. « 277 à 308 signifie un assassinat, un meurtre, un em-« poisonnement. Ainsi le premier élément de l'attentat est « *un acte de la force brutale, un acte de violence* ». Ainsi s'expriment MM. Chauveau et Faustin-Hélie, Théorie du Code pénal, t. II, nº 466, 2ᵉ édition. Voir dans le même sens : Blanche, Etudes sur le Code pénal, t. II, nºˢ 472 et suivants ; — Faustin-Hélie, Pratique criminelle, t. II, nº 156 ; et Morin, Répertoire du droit criminel, vⁱˢ attentats et complots, nºˢ 14 et 15.

Sous l'empire du Code pénal révisé et avant la loi du 9 septembre 1835 la compétence de la Cour des pairs se restreignait donc aux actes de haute trahison et aux attentats à la sûreté de l'Etat, cette dernière inculpation ne pouvant s'appliquer qu'aux attentats caractérisés par les art. 86, 87, 88 et 91 du Code pénal, à l'exclusion des complots, sauf le cas de connexité, dont il sera parlé plus loin.

§ 6. La loi du 9 septembre 1835 étendit la compétence de la Cour des pairs, en attribuant le caractère d'attentat à la sûreté de l'Etat, aux actes suivants : la provocation non suivie d'effet aux crimes prévus par les art. 86 et 87 du Code pénal, l'offense envers le prince commise par la même voie, enfin l'attaque contre le principe et la forme du Gouvernement.

« Cette assimilation arbitraire, dit Morin,(ouvrage pré-« cité, v[is] attentats et complots, n° 1), qu'avait fortement « combattue l'opposition et qui ne fut admise qu'à une « faible majorité, avait pour résultat, entre autres, d'éten-« dre la juridiction de la Cour des pairs, que la Charte ap-« pelait à juger les attentats à la sûreté de l'Etat définis « par la loi ».

Dans la discussion de cette loi, le rapporteur ne dissimula pas qu'il s'agissait de permettre l'extension de la compétence de la Cour de Paris à d'autres actes que ceux qui sont qualifiés attentats par le code pénal.

« La qualification d'attentat à la sûreté de l'Etat entraîne comme conséquence la juridiction facultative de la Cour des Pairs. Le Gouvernement n'a point écrit cette conséquence dans le projet de loi, quoiqu'elle soit tout entière dans son esprit.

« Cet article (l'art 28 de la charte) autorise la Chambre des Pairs à connaître des attentats à la sûreté de l'Etat, qui seront définis par les lois. Tout dépend donc constitutionnellement de la définition, qui assurément est dans le domaine législatif. Aussi le législateur a toujours le droit, suivant les périls sociaux, d'ériger certains faits coupables en attentats; la Charte n'a pas décrété l'immutabilité de nos lois pénales. Son art. 28 réserve au contraire formellement le droit de la législation future. Ce serait, il est vrai, un subterfuge indigne de la Charte que d'étendre la juridiction de la Chambre des pairs, en qualifiant attentats à la sûreté de l'Etat des faits, dont la nature répugnait à ce caractère : mais la provocation à la révolte est bien évidement dirigée contre la sûreté de l'Etat, l'offense à la personne du roi est elle-même placée par le Code pénal au nombre des délits contre la sûreté de l'Etat. »

L'opposition combattit ces qualifications nouvelles et l'extension de compétence en résultant pour la Cour des Pairs; elle invoqua, à cet effet, l'opinion des criminalistes sur la notion de l'attentat.

«Tous les criminalistes, dit M. de Laboulie, ont défini l'attentat un acte matériel d'attaque contre une personne ou contre la société. Ainsi le meurtrier est un attentat contre une personne ; la prise d'arme contre le pouvoir établi est un attentat contre la société. Il est évident qu'il ne saurait y avoir d'attentat sans un acte matériel ; car il est l'attaque matérielle et ne peut être autre chose. »

« Qu'est-ce donc qu'un attentat dit M. Nicod, (avocat-général, puis conseiller à la Cour de cassation), c'est la force brutale attaquant les pouvoirs sociaux, c'est une action matérielle et violente, qui est directement, immédiatement destructive de l'ordre social et de la paix publique ; c'est une attaque à force ouverte et à main armée. Voyez les exemples qu'en donne le Code pénal, dans les cas qu'il spécifie ; vous voyez éclater la force vous voyez une action violente et destructive. »

Cette argumentation ne prévalut pas ; la loi passa à une faible majorité. Mais le gouvernement provisoire, en 1848, s'empressa de l'abroger par son décret du 6 mars. Et maintenant, sous l'empire de la Constitution de 1875, il reste de son existence passagère, de ses motifs et de sa discussion, l'argument le plus sérieux contre ceux qui prétendraient, en l'absence d'une loi spéciale ayant modifié les art. 87 à 91 du Code pénal, étendre arbitrairement la qualification d'attentats à d'autres actes que ceux des art. 87, 88 et 91 du Code pénal, notamment à des faits de complots ou de provocation à la révolte. Le gouvernement, en proposant cette loi, et l'opposition en la combattant, étaient d'accord pour reconnaître qu'à s'en tenir au Code pénal, les seuls crimes qui pussent être qualifiés *attentats* étaient ceux des art. 87, 88 et 91, et que, pour tous autres crimes, les prévenus ne pouvaient être distraits de la juridiction du droit commun.

§ 7. Le texte de la Constitution de 1875, rapproché de celui des Constitutions de 1848 et 1852, conduit plus sûrement encore à la même conclusion.

L'art. 91 de la première de ces Constitutions portait : « Une haute Cour de justice juge, sans appel ni recours en cassation, les accusations portées par l'Assemblée nationale contre le Président de la République ou les ministres.

« Elle juge également toutes personnes prévenues de *crimes, attentats* ou *complots* contre *la sûreté intérieure ou extérieure de l'Etat*, que l'Assemblée nationale aura renvoyées devant elle. »

La Constitution de 1852 portait : « Art. 54. Une Haute-Cour de justice juge, sans appel ni recours en cassation, toutes personnes qui auront été renvoyées devant elle comme prévenues de *crimes, attentats ou complots contre le Président de la République et contre la sûreté intérieure ou extérieure de l'Etat.* »

Par ces dispositions, la terminologie du Code pénal, en matière de crimes contre la sûreté de l'Etat (1), passait exactement dans la langue du droit constitutionnel. Les auteurs de la Constitution suivante l'y ont trouvée avec le sens précis qu'elle comporte ; c'est donc bien en connaissance de cause et avec intention qu'ils n'ont conservé au Sénat, constitué en Cour de justice, que la connaissance des attentats à la sûreté de l'Etat, à l'exclusion des autres crimes contre la sûreté de l'Etat.

Le projet de loi relatif à l'organisation du Sénat déposé par M. Dufaure le 19 mai 1873 (*Journal officiel* du 20 mai 1873, p. 3209), restreignait davantage encore la compétence du Sénat. Il portait seulement :

Art. 11 § 3. « Le Sénat peut être constitué en Cour de jus-
« tice pour juger les poursuites en responsabilité contre
« le Président, les ministres et les généraux en chef des
« armées de terre et de mer. »

Un second projet, qui devint la loi du 24 février 1875, *sur l'organisation du Sénat*, contient l'article 9, qui fut voté sans discusion, (2) et sur lequel le rapport de M. Antonin Lefèvre-Pontalis (3) ne fournit aucun éclaircisse-

(1) Titres du chap. 1er et des sections I et II et art. 86 à 91 (Livre III, titre 1er du code pénal).

(2) Séances des 12 et 14 février 1875. *Officiel* du 13 fév. (p. 1177) et du 24 fév. p. 1414.

(3) *Officiel* du 25 Déc. 1874 p. 8585, n° 2680.

ment, du moins relativement à la question présente. En voici les termes :

« Le Sénat peut être constitué en Cour de justice pour juger, soit le Président de la République, soit les ministres *et pour connaître des attentats* COMMIS *contre la sûreté de l'Etat.* »

Les chartes de 1814 et 1830 disaient « *des attentats à la sûreté de l'état.* » Il semble que, pour mieux fixer le sens de l'attentat et exclure les crimes *préparés* ou *complotés* contre la sûreté de l'Etat, les auteurs de la Constitution de 1875 aient accentué leur pensée par l'expression « *commis contre la sûreté de l'État.* »

Mais, objecteront les partisans d'une compétence plus étendue de la haute Cour de justice, pourquoi cette juridiction aurait-elle, dans la constitution de 1875, une compétence plus restreinte que dans celles de 1848 et 1852 ? Est-il rationnel de prêter à l'Assemblée nationale en 1875, l'intention de retirer au Sénat constitué au Cour de justice la connaissance de la plupart des crimes contre la sûreté de l'Etat et notamment des complots, dont pouvait connaître la Haute-Cour des deux constitutions précédentes ? Ne doit-on pas plutôt interpréter *sensu lato* les mots *attentats à la sûreté de l'Etat*, de façon à entendre par là tous les crimes du chapitre 1er, y compris les complots contre la sûreté intérieure et extérieure de l'Etat.

Les développements qui précèdent ont fait par avance justice de cette objection. Le texte constitutionnel est trop clair pour qu'il soit nécessaire de rechercher la pensée qui l'a inspiré. Pour l'application de la peine et par suite pour la détermination du crime il se réfère nécessairement au Code pénal. Or il est capital que ce Code, pour désigner l'ensemble des divers crimes contre la sûreté de l'Etat, ne se sert pas du terme d'*attentat*, mais des expressions « *Crimes contre la sûreté extérieure ou intérieure de l'Etat* » (Rubriques du chapitre 1er, des sections I et II).

Enfin ce texte constitutionnel constitue une grave dérogation au droit commun, puisqu'il permet d'enlever un prévenu aux juges ordinaires pour le déférer à la juridiction exceptionnelle d'un corps politique. Un semblable texte, si le sens en était douteux, devrait donc être interprété d'une façon restrictive et non extensive : *Odiosa restringenda.*

Mais ajoutons qu'il n'est pas difficile de trouver le motif qui a porté les auteurs de la Constitution de 1875 à donner au Sénat constitué en cour de justice une compétence moins étendue que celle de la Haute-Cour des Constitutions de 1848 et 1852.

Cette dernière juridiction était un corps essentiellement judiciaire. Elle constituait une véritable Cour d'assises, dont les juges, au nombre de cinq, étaient désignés parmi les membres de la Cour de cassation et dont les jurés étaient tirés au sort parmi les délégués des conseils généraux des départements, chaque conseil général étant représenté par un délégué, lui-même élu par le sort. Jamais tribunal ne présenta pour les justiciables plus de garanties de lumières et d'indépendance ! Et l'on conçoit qu'on ait pu lui donnner en toute sécurité la connaissance de tous les crimes contre la sûreté de l'Etat, sans distinction des attentats et des autres crimes.

Il y a lieu de présumer, au contraire, que les auteurs des lois constitutionnelles de 1875, en réglant ce qui devait concerner le Sénat constitué en Cour de justice, ont eu égard au caractère anormal d'une semblable juridiction, dont les membres, étrangers aux habitudes judiciaires pouvaient ne pas l'être assez aux influences d'ordre politique. Le premier projet déposé par M. Dufaure le 19 mai 1873, leur donnant seulement à juger les poursuites en responsabilité dirigées contre le Président de la République, les ministres et les généraux commandant les corps d'armée, porte certainement la marque de cette préoccupation. On conçoit que le second projet ait pu ajouter les *attentats commis contre la sûreté de l'Etat*, la notoriété et la publicité de ces actes insurrectionnels et violents étant de nature à simplifier beaucoup l'instruction du procès, les débats et le jugement. Mais on s'expliquerait moins que la loi constitutionnelle comprît aussi, dans la compétence du Sénat constitué en Cour de justice, les complots, dont la constatation, l'instruction et le jugement peuvent entraîner bien d'autres difficultés et suspendre un plus long temps l'action de la justice ordinaire.

§ 8. La loi constitutionnelle ainsi interprétée par l'examen des précédents, par l'étude de son texte et de son esprit, il convient, pour la solution de la question posée au début de cette étude, de se reporter aux actes qui ont saisi la Haute-Cour des poursuites dirigées contres le général Boulanger, et deux autres inculpés.

Le décret du 8 avril 1889 constitutif du Sénat en Haute-Cour de justice porte simplement :

« Art. 1er. Le Sénat est constitué en Haute Cour de justice pour statuer sur *les faits d'attentat* contre la sûreté de l'Etat et autres faits connexes, *relevés* à la charge de M. Boulanger (George-Ernest), général en retraite et député, et de tous autres que l'instruction, aura fait connaître. »

Le décret, à l'inverse des ordonnances royales qui constituaient la Cour des Pairs, ne spécifie pas explicitement quels sont ces faits d'attentat relevés à la charge du prévenu. Mais il le fait par une référence à d'autres actes : « *Sur le rapport du garde des sceaux, — Vu la demande en autorisation de poursuites déposée le 4 avril 1889, et la délibération de la Chambre des députés portant la même date,* » tel est le préambule du décret du 8 avril.

Voici, d'autre part, les termes du rapport au Président de la République précédant le décret (*Officiel* du 9 avril).

« Monsieur le Président,

« M. le procureur-général près la Cour d'appel de Paris *a demandé à la Chambre des députés l'autorisation de poursuivre devant la juridiction compétente M. Boulanger* (*G.-E.*), *sous l'inculpation d'attentat contre la sûreté de l'Etat et de complot*. La Chambre, dans la séance du 5 avril courant, *a accordé l'autorisation sollicitée. En conséquence, et attendu qu'il s'agit d'attentat contre la sûreté de l'Etat et de faits connexes*, j'ai l'honneur, M. le Président, de vous proposer de constituer le Sénat en Haute-Cour de justice pour en connaître... »

Les faits d'attentat relevés à la charge de M. Boulanger, d'après le décret du 8 avril, ce sont donc bien ceux qui ont motivé l'autorisation de poursuivre donnée par la Haute-Cour et qui sont exposés dans la demande en autorisation de poursuites du procureur-général près la Cour d'appel de Paris.

Il faut de toute nécessité, d'ailleurs, que ce décret, qui constitue la Haute-Cour de justice, énonce sommairement le fait ou les faits qualifiés d'attentats. L'inculpation de l'attentat répugne à l'idée d'un crime, dont les circonstances resteraient enveloppées dans le mystère d'une instruction. Les faits sur lesquels elle repose sont forcément notoires. Où, quand s'est manifestée cette mise en mouvement d'une force insurrectionnelle caractérisée par un commencement d'agression violente, sans laquelle il n'est pas d'attentat au sens des art. 87 et 88 du Code pénal ? Un nom de localité, une date, quelques mots suffiront à l'énoncer et permettront aussitôt à la Haute-Cour de vérifier sa compétence.

Si, en conséquence, le décret du 12 avril n'avait pas

fourni par sa référence aux actes qu'il vise l'indication du fait qualifié par lui attentat, il eût appartenu à la Haute-Cour d'ordonner par un arrêt avant faire droit que cette indication fût suppléée dans le réquisitoire introductif de l'instance.

§ 9. Mais ce réquisitoire, déposé et lu le 12 avril par M. le procureur-général Quesnay de Beaurepaire, malgré ce que ses termes ont d'intentionnellement vague, fournit au contraire des indications sur les faits qualifiés attentats, qui s'accordent avec l'exposé de la demande en autorisation de poursuites, pour démontrer l'inexactitude de cette qualification.

« Nous, procureur-général, y lit-on, vu les documents desquels il résulte qu'UN *crime d'attentat contre la sûreté* de l'Etat *aurait* été commis sur le territoire de la République, et *spécialement à Paris* depuis moins de dix ans, et NOTAMMENT *au cours des années 1888* et *1889*; que ledit attentat *aurait* été caractérisé par des actes d'exécution... »

Il est d'abord étrange que, s'agissant d'un attentat de cette nature, le réquisitoire n'en affirme pas l'existence et ne s'exprime qu'au conditionnel. Sans doute les réquisitoires adressés au juge d'instruction énoncent le plus souvent qu'il y a présomption suffisante d'un crime ou délit déterminé pour qu'il y ait lieu d'informer contre l'inculpé ; et ce n'est pas là affirmer le fait avec certitude. Mais lorsque l'inculpation porte sur un acte violent et insurrectionnel, qui a mis ou failli mettre l'Etat en péril, qui est encore nécessairement présent à l'esprit de tous, comment concevoir qu'en saisissant la Haute-Cour le réquisitoire n'énonce pas le fait comme certain ?

Imagine-t-on, devant la Cour des Pairs, lors des attentats qui lui furent déférés, le procureur-général s'exprimant dans son réquisitoire en termes hypothétiques et requérant, contre Fieschi par exemple :

Attendu que dans la journée du 25 juillet un attentat *aurait été* commis contre la personne du roi et contre les princes de sa famille ; que le maréchal Mortier et d'autres personnes *auraient* péri sous les balles des assassins.....? »

Si la Haute-Cour eût été réellement saisie d'un véritable attentat à la sûreté de l'Etat, le réquisitoire de M. le procureur-général s'inspirerait trop visiblement de la philosophie du docteur Marphurius, qui ordonne de ne point énoncer de proposition décisive. Ce n'est pas en pareil cas et lorsque l'existence de cet attentat était nettement contestée, surtout depuis la publication de la demande en autorisation de poursuites (1), lorsqu'une partie des membres de la Haute-Cour entendait exiger l'articulation nette et précise des faits qualifiés attentats avant de laisser suspendre le cours de la justice ordinaire (2), qu'il pouvait suffire de répondre à ces préoccupations : « Il se pourrait... la chose est faisable... il n'y a pas d'impossibilité.... »

Aussi paraîtra-t-il plus conforme au respect dû à l'émi-

(1) La note de M. le bâtonnier Martini avait paru le 10 avril dans la *Gazette des Tribunaux*.

(2) Les journaux judiciaires et notamment *la Loi* du 14 avril, publient dans le compte-rendu de l'audience de la Haute-Cour, l'information suivante, qui ne figure pas à *l'Officiel* :

Sur la question de compétence, M. Guibourt de Luzinais a déposé un déclinatoire d'incompétence formulé dans les termes que voici :

Attendu que le réquisitoire du procureur général se borne à assurer qu'un crime d'attentat a été commis, sans exposer aucun fait qui permette à la Haute Cour d'apprécier si en supposant ce fait prouvé, il y aurait attentat dans les termes prévus par le Code pénal ; qu'alors la Haute Cour est dans l'impossibilité de reconnaître si elle est compétemment saisie :

La haute cour déclare qu'il n'y a pas lieu, en l'état, d'ordonner l'instruction.

Ce déclinatoire a été repoussé.

nent magistrat près la Haute-Cour d'admettre qu'il s'est mépris sur la notion juridique d'un crime, qui ne comporte pas de pareilles incertitudes. Et les autres expressions du passage de son réquisitoire ci-dessus inséré donnent plus de créance encore à cette supposition. On ne s'explique pas ce que peut être UN *crime d'attentat*, un seul crime, commis sur le territoire dela République et *spécialement* à Paris, et *notamment au cours des années* 1888 *et* 1889. »

Ces expressions ne sont compatibles qu'avec une inculpation portant sur plusieurs attentats commis en plusieurs endroits du territoire de la République et à diverses époques. C'est ainsi que l'ordonnance royale du 15 avril 1834 convoquant la Cour des pairs porte :

« Attendu que sur plusieurs points du Royaume et *notamment* à Lyon les 9 et 10 avril et jours suivants, à St-Etienne les 11 et 12 avril et jours suivants, et à Paris dans les journées des 13 et 14 avril, il a été commis *des attentats* ... »

Certains crimes ou délits peuvent consister en une série d'actes successifs, commis en une ou plusieurs années et en divers endroits, sans que l'ensemble de ces actes constitue plus d'un crime ou d'un délit. Cette multiplicité, cette ubiquité et cette durée répugnent, au contraire, à la notion juridique d'autres faits qualifiés crimes ou délits. Ainsi on peut concevoir d'un crime de complot, d'un délit de société secrète ou d'association illicite que les ramifications en soient constatées en plusieurs villes et s'y continuent pendant le cours de plusieurs années.

On ne peut admettre, au contraire, qu'un seul crime d'attentat à la sûreté de l'État puisse se fractionner et se continuer ainsi en une série d'actes violents et insurrectionnels commis en plusieurs localités, à diverses époques, *spécialement* à Paris et *notamment au cours des deux der-*

nières années. Un semblable état de choses constituerait la guerre civile et les crimes réprimés par les art. 91 (1) et suivants du Code pénal, qui ne sont pas visés par la poursuite.

C'est donc bien, que les faits, auxquels se réfère le réquisitoire introductif d'instance ne peuvent rentrer dans l'inculpation de l'attentat et se rattachent plutôt à d'autres inculpations, notamment à celle du complot.

Le décret du 12 avril, par les actes qu'il vise, complète bien à cet égard la pensée du Procureur Général, puisque la demande en autorisation de poursuites de ce magistrat visée par ce décret, confond, on va le voir, les actes préparatoires, qui ne sortent pas de l'inculpation de complot avec les actes d'accusation qui constituent essentiellement l'attentat. M. le président Faustin Hélie (*Pratique criminelle*, tome II, n° 156), rend sensible par des exemples la distinction entre les actes préparatoires et les actes d'exécution.

« Les actes préparatoires, dit-il, sont ceux qui précèdent l'action, mais qui n'en sont pas une partie intrinsèque, et qui ne commencent pas l'exécution : les actes d'exécution sont ceux dont la série et l'ensemble constituent le crime même. Ainsi l'achat de munitions, les locations de lieux pour les déposer, la réunion des conjurés, la préparation des armes sont des actes préparatoires, car l'action n'est pas encore commencée. Mais si les conjurés se réunissent et se mettent en marche pour commencer une attaque, c'est là un acte d'exécution, une tentative de crime qui est assimilée au crime...

Or quels sont les actes énoncés par la demande en autorisation de poursuites ?

(1) Art. 91. — L'attentat dont le but sera, soit d'exciter la guerre civile en armant ou en portant les citoyens ou habitants à s'armer les uns contre les autres, soit de porter la dévastation, le massacre et le pillage dans une ou plusieurs communes sera puni de mort.

A côté de propos divers, d'écrits, de publications, qui, d'après la Cour de cassation (arrêt du 26 avril 1817, *Bulletin criminel*, n° 33), ne constituent même pas le crime de complot, le procureur-général accuse, il est vrai, le prévenu d'avoir formé des projets insurrectionnels de concert avec divers affidés. Mais il ne spécifie aucun *acte d'exécution*, au sens légal de l'article 88 du Code pénal. Quel est, en effet, suivant lui, le plus caractéristique des actes qu'il qualifie de tentatives d'exécution? Laissons-lui la parole:

« A côté de tous les faits qui établissent le concert et l'organisation, c'est-à-dire le complot, se rencontrent les actes et les tentatives d'exécution, qui caractérisent l'attentat. Au nombre de ces derniers, nous devons énoncer ici le plus grave peut-être.

M. Boulanger ne s'en est pas tenu à ses efforts d'embauchage dans l'armée ; il y a, en outre, sollicité, corrompu ou tenté de corrompre par lui-même ou par ses affiliés un nombre considérable de fonctionnaires civils.

Mais comment ne pas voir que ces tentatives d'embauchage dans l'armée, ces sollicitations adressées à des fonctionnaires, si elles sont établies par l'instruction, constitueraient précisément ces *propositions* d'entrer dans un complot, prévues par l'article 89 du Code pénal, inséré ci-dessus (1), et par suite ne sortiraient pas de l'inculpation de complot?

(1) Art. 89. — Le complot ayant pour but les crimes mentionnés aux articles 86 et 87, s'il a été suivi d'un acte commis ou commencé pour en préparer l'exécution, sera puni de la déportation. S'il n'a été suivi d'aucun acte commis ou commencé pour en préparer l'exécution, la peine sera celle de la détention.

Il y a complot dès que la résolution d'agir est concertée ou arrêtée entre deux ou plusieurs personnes.

S'il a y eu proposition faite et non agréée de former un complot pour arriver aux crimes mentionnés dans les articles 86 et 87, celui qui aura fait une telle proposition sera puni d'un emprisonnement d'un an à cinq ans. Le coupable pourra, de plus, être interdit, en tout ou en partie, des droits mentionnés en l'article 42.

Si la proposition est agréée, la peine est celle de la déportation simple; si elle ne l'est pas, la peine est celle de l'emprisonnement. Tandis que l'attentat est puni de la déportation dans une enceinte fortifiée. La confusion n'est donc pas possible.

La Haute-Cour devait donc reconnaître *in limine litis* que les faits relevés à la charge des prévenus ne pouvaient donner lieu qu'à un renvoi devant la justice répressive de droit commun sous l'inculpation de complot ou de tout autre crime ou délit.

§ 10. Elle le devait, en effet, parce qu'elle le pouvait. En décidant par son arrêt du 12 avril 1880 qu'il serait procédé à l'instruction par une commission de neuf sénateurs nommés par elle, la Haute-Cour se reconnaissait compétente, tout au moins pour instruire le procès, dont elle était saisie (1). Comment ne pas reconnaître que cette instruction seule est une très grave dérogation au droit commun en ce qu'elle suspend le cours de la justice ordinaire, remet aux mains d'hommes politiques les pouvoirs quasi-discrétionnaires du juge d'instruction? Quelle tentation pour eux d'user de ces pouvoirs, d'ordonner des perquisitions, de décerner des mandats de comparution et d'amener, de citer des témoins, de faire saisir des correspondances privées, en vue de frapper un parti politique adverse par la révélation de tout ce qui peut lui être défavorable et d'instruire une enquête parlementaire plutôt qu'un procès criminel!

Et quel détriment pour les justiciables, quand même la

(1) Il est certain cependant que la Haute-Cour n'a entendu statuer par son arrêt du 12 janvier 1889 (inséré ci-dessus, p. 15) ni explicitement, ni implicitement, sur la question de compétence. Cela résulte de ce que parmi les textes visés par cet arrêt ne figurent pas les art. 9 de la loi du 24 février 1875 et 12 de la loi du 16 juillet 1875 relatifs à la compétence de la Haute-Cour.

commission d'instruction, reconnaissant l'incompétence de la Haute-Cour, rendrait un arrêt de non-lieu !

Ce n'est point là une critique de l'institution même créée par la loi constitutionnelle. Sans doute l'attribution de fonctions judiciaires à une assemblée politique ne sera jamais sans inconvénients. Mais ces inconvénients seront sensiblement atténués, si le Sénat, se restreignant rigoureusement à la connaissance des attentats commis contre la sûreté de l'Etat, vérifie aussitôt sa compétence, en recherchant, avant toute instruction, si les faits relevés à la charge des prévenus répondent à cette qualification légale.

§ 11. En terminant, il reste à examiner deux questions qui ont été soulevées par la presse :

La Haute-Cour ne pourrait-elle pas retenir la connaissance de l'inculpation du complot, à raison de la connexité avec un attentat? (Art. 226 et 227, Code d'instruction criminelle).

Ne le pourrait-elle pas encore, si la question de complot lui était posée subsidiairement, après celle de l'attentat, et pour le cas où il serait répondu négativement sur cette question d'attentat?

En ce qui concerne le premier point, il semble bien qu'on doive y répondre affirmativement. Lorsqu'à la suite d'un complot quelques-uns des conspirateurs sont sortis de la période des actes préparatoires pour procéder aux actes d'exécution, qui constituent l'attentat, on conçoit que la Haute-Cour, saisie de l'attentat, puisse par voie de connexité connaître du complot et juger aussi ceux qui y ont participé sans aller jusqu'aux actes d'exécution.

Mais, en admettant que l'on pût relever contre les prévenus poursuivis présentement devant la Haute-Cour ou contre l'un d'entre eux l'inculpation de complot, il resterait, pour que la Haute-Cour demeurât à leur égard, compétemment saisie, à établir la connexité du complot avec un acte distinct, violent et insurrectionnel, ayant pour but, aux termes de l'art. 87 du Code pénal, « soit de dé-« truire ou de changer le gouvernement ou l'ordre de « successibilité au trône, soit d'exciter les citoyens ou « habitants à s'armer contre l'autorité impériale, » ces termes devant être mis en harmonie avec nos institutions actuelles. Les actes de poursuites n'ont pas justifié et il ne pourrait être justifié d'un attentat semblable, qui, s'il existait, serait de notoriété publique, comme l'ont été tous les attentats, dont ont connu la Chambre des Pairs et la Haute-Cour de la Constitution de 1848.

La question de complot pourrait-elle, tout au moins, être posée subsidiairement à la Haute-Cour ?

On a émis dans la presse la prétention d'étendre à la Haute-Cour ce que le Code d'instruction criminelle permet devant la Cour d'assises, à raison des conditions spéciales des débats devant le jury. Il est possible que l'arrêt de renvoi de la Chambre des mises en accusation et l'acte d'accusation saisissant la Cour d'assises d'une inculpation criminelle, de meurtre par exemple, le président reconnaisse, à raison des éléments nouveaux d'instruction versés aux débats publics, qu'il y a lieu de poser au jury, après la question de meurtre, la question subsidiaire de coups et blessures ayant entraîné la mort sans intention de la donner, bien que cette question porte sur l'existence d'un délit, qui en principe appartient à la compétence des tribunaux correctionnels.

Un texte du Code d'instruction criminelle permet, en pareil cas, à la Cour d'assises d'évoquer la connaissance de ce délit. C'est l'art. 365 ainsi conçu : « Si ce fait est défendu, la cour prononcera la peine établie par la loi, *même dans le cas où, d'après les débats, il se trouverait n'être plus de la compétence de la Cour d'assises.* »

Il faut observer qu'aux termes de cet article c'est « *d'après les débats* » devant la Cour d'assises, que le fait incriminé doit avoir perdu sa qualification première, pour que cette modification dans l'ordre des compétences puisse se produire.

La chambre des mises en accusation ne pourrait, en effet, renvoyer devant les assises l'inculpation d'un fait qui ne serait pas qualifié crime par la loi. Cette chambre doit vérifier cette qualification et la compétence en résultant. La sanction de cette obligation est dans le pourvoi en cassation que l'art. 299 du Code d'instruction criminelle ouvre aux intéressés : « 1° *pour cause d'incompétence* ; 2° *si le fait n'est pas qualifié crime par la loi*... »

Il n'est donc pas à craindre que, par une sorte de concert répréhensible entre le Procureur général, la Chambre des mises en accusation et le Président de la cour d'assises, on fasse juger par cette juridiction des faits dont la connaissance appartiendrait manifestement à la juridiction correctionnelle et qu'on n'aurait d'abord qualifiés crimes qu'avec l'intention préconçue d'en modifier la qualification après les débats, sous forme de question subsidiaire posée au jury.

Rien de ce qui vient d'être dit n'existe devant la Haute-Cour. Sans doute la commission d'instruction, qui aux termes de l'art. 11 de la loi du 10 avril 1889, « statue sur « la mise en accusation par décision spéciale pour cha- « que inculpé sur chaque chef d'accusation, » devra vérifier si chacun de ces chefs constitue un attentat commis contre la sûreté de l'Etat ou un complot connexe à cet attentat. Et à cet égard c'est à tort que l'auteur du second article du journal « *le Temps* » (n° du 19 avril) soutient que c'est seulement après l'arrêt de renvoi devant la Haute-Cour qu'il y aura lieu d'examiner la question de compétence. Par cela seul que la commission d'instruction remplit le rôle de Chambre des mises en accusation, cette question s'impose à son examen.

Mais il n'y a aucun recours contre l'arrêt de renvoi rendu par cette commission, au cas où les chefs d'accusation auraient été par elle improprement qualifiés attentats. La Chambre des députés a repoussé, à cet égard, un amendement qui tendait à ouvrir contre cet arrêt la voie du recours en cassation.

On ne saurait appliquer à la Haute-Cour la disposition de l'art. 365 du code d'instruction criminelle, qui étend la compétence de la cour d'assises dans les circonstances et dans les conditions qui sont spéciales à la procédure devant le jury. Sans doute l'art. 32 de la loi du 10 avril dernier dispose que : « Les dispositions du Code d'instruction criminelle et de toutes autres lois générales d'instruction criminelle, qui ne sont pas contraires à la présente loi, sont appliquées à *la procédure*, s'il n'en est autrement ordonné par le Sénat. »

Mais c'est à la condition qu'il s'agisse de dispositions de pure procédure, qui ne touchent pas à la question de compétence réglée par la loi constitutionnelle.

Si, en effet, la Haute-Cour, pouvait. tout en reconnaissant qu'il n'existe dans la prévention aucun fait légalement qualifié attentat, retenir néanmoins la connaissance de l'affaire, grâce à la position de la question subsidiaire de complot ou de tout autre crime, la rédaction de la loi constitutionnelle, « la Haute-Cour connait des attentats commis contre la sûreté de l'Etat » devrait être entendue ainsi :

« La Haute-Cour connaît de tous crimes qualifiés attentats à tort ou à raison par la prévention et dont elle estimera devoir garder la connaissance. »

Au reste il ne sera pas inutile de faire observer à ceux qui voudraient, malgré ces considérations, appliquer devant la Haute-Cour la disposition de l'art. 365 précité que, d'après les termes de cet article, il n'est pas applicable en cas de jugement par contumace. C'est seulement lorsque la qualification de crime s'est modifiée *d'après les débats* qu'il y a lieu de poser la question subsidiaire de délit. Mais s'il y a jugement par contumace, la Cour statue sans débats sur la prévention, telle quelle résulte de l'arrêt de renvoi et de l'acte d'accusation.

Cette étude est terminée. Elle ne s'inspire que du respect dû à nos lois constitutionnelles. Puisse-t-elle y rappeler ceux que la politique en éloigne momentanément !

FIN

TABLE

ÉTUDE

Laval, imp. et stér. E. JAMIN, 14, rue de la Paix.

CHEZ LES MÊMES ÉDITEURS :

THÉORIE DU CODE PÉNAL; par M. CHAUVEAU ADOLPHE, Doyen de la Faculté de droit de Toulouse, et M. FAUSTIN HELIE, Membre de l'Institut, Président honoraire à la Cour de cassation, Vice-Président du Conseil d'Etat. 6e édition, conforme à la 5e, annotée et mise au courant de la législation et de la jurisprudence, par EDMOND VILLEY, Professeur à la Faculté de droit de Caen, 6 vol. in-8. 1887-1888 54 fr.

CODE PENAL (ETUDES PRATIQUES SUR LE); par ANTOINE BLANCHE, premier Avocat général à la Cour de cassation. 2e édition, annotée et mise au courant de la législation et de la jurisprudence; par GUSTAVE DUTRUC, avocat à la Cour d'appel de Paris, ancien Magistrat. 7 vol. in-8. 1888. 59 fr. 50
Les tomes I à V sont parus. 42 fr. 50

PRATIQUE CRIMINELLE DES COURS ET TRIBUNAUX; Résumé de la jurisprudence sur les codes d'instruction criminelle et pénal; par M. FAUSTIN HELIE, président honoraire à la Cour de cassation. 2 vol. in-8. 1877. 18 fr.

MINISTÈRE PUBLIC (MANUEL DU) près les Cours d'appel, les Cours d'assises et les Tribunaux civils, correctionnels et de police; par M. MASSABIAU, Président honoraire à la Cour de Rennes. 4e édition, refondue et considérablement augmentée; suivi d'un *Répertoire alphabétique* formant Table, par M. HEIMBURGER, Magistrat, 3 vol. in-8. 1876. 30 fr.

AUDIENCE CORRECTIONNELLE (MANUEL D') ou Traité théorique et pratique de la procédure criminelle devant les tribunaux correctionnels, à l'usage des magistrats du siège et du parquet, des avocats, des officiers ministériels et des hommes d'affaires; par M. ODILON BALE, Juge au Tribunal civil de Guéret. 1 vol. gr. in-8. 1888. 8 fr.

CONDAMNATION AUX FRAIS (DE LA) en matière criminelle, correctionnelle et de police; par H. AUZIÈRE, Procureur de la République à Valence. In-8. 1888. 4 fr.

DROIT INTERNATIONAL PRIVÉ (JOURNAL DU) et de la Jurisprudence comparée; publié par M. EDOUARD CLUNET, avocat à la Cour d'appel de Paris; avec le concours et la collaboration de MM. BROCHER, DEMANGEAT, FIORE, LABBÉ, LAURENT, LYON-CAEN, MANCINI, OLIVECRONA, PHILLIMORE, PICARD, RENAULT, WHARTON, et de plusieurs jurisconsultes français et étrangers.

Ce journal paraît tous les 2 mois par cahiers de 7 à 8 feuilles in-8. Années 1874 à 1888 inclus. 300 fr.
Abonnement annuel pr la France et les pays de l'Union postale. 18 f.
Pays en dehors de l'Union postale, le port en sus.

www.ingramcontent.com/pod-product-compliance
Ingram Content Group UK Ltd.
Pitfield, Milton Keynes, MK11 3LW, UK
UKHW021033180726
13838UKWH00004B/1763